Lo Scalping è divertente!

Parte 4: Il Trading è un Business fatto di Flussi

Heikin Ashi Trader

Indice

1. Fare Trading Solo Quando è Divertente..3
2. Quando Non Fare Trading........................8
3. Le Migliori Ore di trading 19
   A. Per i trader nel Forex 19
   B. Trader sugli indici 24
   C. Trader sul petrolio.............................26
4. Perché lo Scalping Veloce è Meglio di alcuni Trade Molto Noti 28
5. La Disciplina è più Facile nel Flusso 38
6. Strumenti di Avviso e Controllo 45
7. Siate Aggressivi Quando Vincete e State sulla Difensiva Quando Perdete.................52

   Altri libri di Heikin Ashi Trader 59
   Sull'Autore 64
   Stampa 65

1. Fare Trading Solo Quando è Divertente

Un trader di successo non va al casinò. Lui è il casinò. Nello specifico: un trader di successo gioca le carte alle sue condizioni. Decide, come e quando fare trading e anche quando non dovrebbe farlo. Sapere quando stare lontano dal trading è uno dei vantaggi cruciali che un operatore può avere contro "il mercato." È naturale che un trader principiante impieghi molto tempo a cercare una strategia adeguata.

Risparmiate il vostro tempo cercando di scoprire quando questa nuova strategia funziona meglio.

In questa quarta parte della serie, "Lo scalping è divertente", cercheremo di individuare il momento giusto per il vostro trading. Il tempo è prezioso. Dovremo indirizzare tutti i nostri sforzi verso il mercato azionario quando le condizioni saranno ottimali. Nei momenti in cui questo non avviene, dovremo dedicarci ad altre cose. Soprattutto, dovremo cercare di evitare il cosiddetto "trading per noia": si tratta di una condizione in cui l'operatore ritiene che non raccoglierà niente di buono da una fase di mercato, eppure si siede davanti al suo schermo e osserva il mercato con occhi mezzi chiusi dal sonno. Peggio ancora, di tanto in tanto, effettua un trade per pura noia, non sapendo niente di quello che ne potrebbe risultare. È la fase che anticipa la dipendenza da trading. Così come tutto può essere una dipendenza, anche il trading può diventarlo.

Ho riconosciuto questi tratti anche in me stesso, nei miei primi anni da trader. La mia passione per il mercato azionario e l'opportunità di fare denaro dal nulla, per così dire, cresceva di giorno in giorno. Ho trascorso le notti facendo trading nei mercati asiatici, anche se avevo appena vissuto una giornata di 16 ore nel trading con l'Europa e gli Stati Uniti. Credo che il fatto che nulla di buono sia venuto fuori da questo impegno nel lungo periodo, dovrebbe essere ben chiaro. Questo libro non è stato scritto per i trader a rischio. Si tratta di mostrare ad uno scalper quando si svolge "l'azione" sui mercati. Dovrebbe essere un incoraggiamento, così da riuscire a prendere il meglio dai mercati.

Per contenere il vostro entusiasmo, è importante che vi piaccia fare trading, se possibile. Il rischio di dipendenza sarà ancora presente, ma sarà notevolmente ridotto. Forse per voi sarà più facile disconnettere il computer e dedicarvi ad altre cose.

Il divertimento al momento giusto è un mezzo efficace contro il rischio di trading e overtrading per noia, secondo me. Otterrete quindi la maggior parte del successo se la vostra strategia si fonderà bene con le condizioni di mercato, e avrete le probabilità a vostro vantaggio. Questo è per esempio, il motivo per cui un trader in trend è diverso da uno scalper; la conoscenza ha a che fare con "l'esperienza", ma grazie a Dio, la curva di apprendimento come scalper è più veloce rispetto ad altre strategie di trading a causa della disponibilità di diversi trade. Non c'è tanto tempo a disposizione e dovreste cercare di rendere la vostra esperienza di apprendimento importante, così si da riuscire a superare la soglia di redditività.

Gli operatori esperti sanno, "quando mettersi a sedere sulle loro mani", come dicono gli americani. Questo significa essere buoni osservatori del mercato come prima cosa. Bisogna passare molte ore di "lettura dei grafici" per capire quando è giunto il momento in cui farsi coinvolgere e quando invece ritirarsi. Padroneggiate questa capacità, e arriverete al top.

Vi consiglio vivamente di essere efficienti e intelligenti nel trading azionario sfruttando bene il vostro tempo. Le pause tra le singole sessioni di trading sono di grande importanza. Questo vale sia per la pausa pranzo nella stessa giornata di trading che nelle pause occasionali durante l'anno. Nel prossimo capitolo, voglio elencare tutta una serie di eventi che si dovrebbero evitare. Nella maggior parte di questi casi, non vale la pena fare trading in questi periodi.

Di solito organizzo anche di conseguenza le mie vacanze. Un collega operatore mi ha detto che in tutto il mese di agosto non aveva ottenuto guadagni. Peggio ancora, aveva subito delle perdite. Voleva fare trading, sebbene sapesse che molti banchieri, che sono coinvolti nel trading di valuta nel mese di Agosto, sono in vacanza. Naturalmente, il trading con le valute ha luogo anche in questo momento, ma non lo aveva portato a nulla. "Sarebbe stato meglio se per quelle quattro settimane fossi andato in vacanza", mi ha detto. Esatto, sarebbe stato molto più conveniente.

2. Quando Non Fare Trading

Sapere in anticipo quando non si dovrebbe fare trading consente di risparmiare un sacco di ore inutili e spesso improduttive sul computer. Di seguito i momenti più rilevanti in cui si dovrebbe evitare di fare trading.

Giorni festivi. Questo è importante per i trader nel forex in particolare. Le banche sono i più grandi partecipanti al mondo del Forex. Se i banchieri sono in vacanza, il volume degli scambi si riduce notevolmente. In questi giorni, si possono spesso trovare mercati letargici o con movimenti erratici improvvisi. I modelli familiari del vostro mercato in questi tempi sono inesistenti e li cercherete invano. Ciò è particolarmente vero per i giorni festivi nel Regno Unito e negli Stati Uniti, che sono i principali centri dei mercati forex. Questa regola vale anche per le festività in altre aree valutarie principali. Se il giorno festivo è in Australia, allora è meglio evitare il dollaro australiano. Se è in Giappone, non scambiare lo yen, ecc...

Venerdì pomeriggio. Molti banchieri e trader di hedge funds smettono di fare trading il venerdì pomeriggio per il fine settimana. Nella maggior parte dei casi chiudono le loro posizioni prima del fine settimana, cosa che anche la maggior parte dei trader fa abitualmente. La ragione è il cosiddetto gap del weekend. Questo gap di prezzo si verifica tra il prezzo di chiusura di Venerdì sera e l'apertura di Domenica sera nel mercato forex. Nei mercati dei futures, è spesso alle 08.00 EST o GMT.

Nota: Userò **EST** (Eastern Standard Time, New York) per i trader americani e **GMT** (Greenwich Mean Time) per i trader del Regno Unito.

Questo divario è spesso insignificante, ma a volte potrebbe essere enorme, soprattutto se vi è stato un evento importante o è stata rilasciata una notizia fondamentale durante il fine settimana. Forse ci sono state le elezioni, o sono state prese alcune decisioni politiche (si pensi alla crisi greca). Tuttavia, può anche trattarsi di eventi imprevisti come i terremoti (Giappone!) o gli attacchi terroristici. L'attività di trading nel pomeriggio di Venerdì spesso rallenta ed è più difficile fare trading sui mercati. È raro per me operare il venerdì pomeriggio, se non quasi impossibile.

Chiusura del mercato e apertura. I minuti finali di ogni giornata di trading sono da evitare così come i primi minuti. Vale per i mercati regolamentati, come quelli azionari e quelli a termine. Ricordate che alla fine di ogni giornata, molti trader giornalieri chiudono le loro posizioni. Alla fine di un giorno di trading, la liquidità può essere spesso a livelli piuttosto bassi. Il portafoglio ordini è sottile e fa sì che si allarghino gli spread e lo slippage e che talvolta si incappi in movimenti inaspettati.

Inoltre, i primi minuti di **Lunedi mattina** non devono essere utilizzati per il trading. Gli operatori che hanno chiuso le loro posizioni il Venerdì, le aprono di nuovo il Lunedi mattina. Anche questo può causare talvolta movimenti inaspettati.

Vacanze invernali ed estive. Come già detto, se i banchieri sono in vacanza, si dovrebbe fare lo stesso. Il volume delle transazioni delle grandi case di trading scende notevolmente in questo periodo.

Mercati asiatici. Sebbene io abbia operato una volta sui mercati asiatici, vi consiglio di non farlo. Se non si è estremamente specializzati nei titoli azionari giapponesi, sarebbe meglio approfittare in altro modo del resto della vostra nottata. Ci sono sempre alcuni appassionati che vogliono operare con l'Hang Seng Futures. Il fatto è che i mercati europei e americani offrono sufficienti opportunità. La liquidità nel trading di valuta asiatica non è paragonabile alla sessione europea e americana.

Infine, **le ore prima del rilascio di importanti notizie economiche.** Il calendario indica quando una notizia importante o un dato economico sta per essere pubblicato. I partecipanti alla scena del forex aspettano questi dati. Per il calendario che uso, visitate il sito: www.forexfactory.com.

Figura 1: Calendario di Mercoledì 14 Ottobre 2015

10:30am	GBP		Average Earnings Index 3m/y
	GBP		Claimant Count Change
	GBP		Unemployment Rate
11:00am	CHF		ZEW Economic Expectations
	EUR		Industrial Production m/m
2:30pm	USD		Core Retail Sales m/m
	USD		PPI m/m
	USD		Retail Sales m/m

L'esempio di cui sopra è il calendario di Mercoledì 14 Ottobre 2015 tratto dal sito Forex Factory. Fate attenzione al colore dei piccoli simboli accanto alla descrizione del messaggio. Quando il colore è giallo o arancione, il più delle volte la notizia ha uno scarso impatto sul movimento dei prezzi, ma se il simbolo è di colore rosso, allora la notizia è importante. In questa data, ci sono stati due eventi importanti. Alle 09.30 GMT, l'indice dei salari medi nel Regno Unito. La pubblicazione di questo numero è importante per i trader che operano con la sterlina inglese.

Anche alle 08.30 EST (13.30 GMT), le ansiose aspettative in merito al rilascio delle vendite al dettaglio degli Stati Uniti non potevano essere ignorate. Questo è un dato economico importante. Si noti lo stato della coppia EUR / USD, prima e dopo il rilascio:

Figura 2: EUR / USD, il 14 ottobre 2015, grafico Heikin Ashi 2-minuti

Per la coppia EUR / USD, si è verificato un solo evento importante. Per essere precisi, è stata la pubblicazione delle vendite al dettaglio alle 08.30 EST (13.30 GMT). Prima di allora, si era verificato un piccolo salto nell'euro solo alle 09.00 GMT durante il London Open. Ma dalle 10.00 GMT fino alle 13,30 GMT, la coppia si è mossa lateralmente in un range di meno di 10 pips. È ovvio che gli operatori di mercato hanno aspettato con ansia i dati dalle 08.30 EST (13.30 GMT). In questo intervallo è difficile fare scalping se non si è uno specialista di mercati in range. In sostanza, si può tranquillamente saltare il trading fino alle 08.30 EST (13.30 GMT). È stato subito dopo la pubblicazione delle vendite al dettaglio che l'azione è ripresa nel mercato.

Figura 3: EUR / USD il 22 Ottobre 2015 grafico a 2-minuti

La figura 3 è chiara e auto-esplicativa. Il 22 ottobre, i trader hanno atteso la decisione sul tasso di interesse della Banca Centrale Europea alle 07.45 EST (12.45 GMT). Durante le ore che portavano verso questa decisione si è verificato uno scarso movimento in EUR / USD. È anche interessante notare che il si è mosso mercato a malapena all'annuncio del tasso di interesse alle 07.45 EST. In seguito si è verificata una brusca virata alle 08.30 EST (13.30 GMT), quando il presidente della BCE, Mario Draghi, ha tenuto una conferenza stampa. L'azione è iniziata alle 08.29 EST (13.29 GMT), gli operatori non aspettavano altro.

Quali sono le figure chiave?

- I dati provenienti dagli Stati Uniti

- Successivamente, i dati dall'UE, Germania, e Regno Unito

- I dati provenienti da Canada, Australia, Giappone, Nuova Zelanda e Svizzera per le loro rispettive valute

Quali numeri hanno il maggiore impatto?

- **Politica monetaria.** Tutte le comunicazioni o pubblicazioni importanti e le

dichiarazioni dalle conferenze stampa delle principali banche centrali

- **I Dati dal Mercato del Lavoro**: l'attuale tasso di disoccupazione in Germania e i NFP (numero buste paga emesse nel settore non agricolo, alle 08.30 EST (13.30 GMT) il primo Venerdì del mese) negli Stati Uniti.

- **Indici anticipatori:** in Germania, l'Indice IFO Indice Fiducia Aziende, negli Stati Uniti: ISM indice fiducia imprese

- La fiducia dei consumatori

- **Prodotto Interno Lordo (PIL):** importante in ogni grande area monetaria

- **Indice Prezzi Consumatore** (CPI: Topic: inflazione!)

- Indice dei prezzi alla produzione (PPI)

Sarà necessario studiare un po' il calendario economico, se si desidera fare trading. È fondamentale comprendere l'importanza degli operatori di mercato nel Forex. Si tratta di anticipatori ansiosi nei giorni precedenti alla pubblicazione. La maggior parte delle volte, il mercato è in fase di calma piatta prima delle pubblicazioni stesse. Quando vengono pubblicati i dati, le aspettative vengono confermate o deluse. La reazione del mercato segue l'esempio. Come gli operatori di mercato risponderanno a un numero che è meno atteso è però difficile da prevedere. In quanto scalper, bisogna essere flessibili nella reazione, senza avere preconcetti per i movimenti a ondate in acquisto e vendita. Fate trading con ciò che vedete! Studiate anche il comportamento dei partecipanti al mercato nelle ore prima del rilascio e nelle ore successive. Molte volte, si osserva che la volatilità diminuisce fortemente prima della pubblicazione. Dopo la pubblicazione, tuttavia, la volatilità si scatena.

3. Le Migliori Ore di trading

A. Per i trader nel Forex

A differenza di altri mercati, nel mercato dei cambi i trade si rincorrono tutto il giorno, quindi è possibile operare ventiquattro ore al giorno per tutta la settimana; da Domenica sera alle 17.00 EST (22.00 GMT) fino a Venerdì sera ore 17.00 EST (22.00 GMT). Il mercato dei cambi non è un mercato regolare come quello azionario, ma un mercato decentralizzato con alcuni centri di trading. I principali sono a Londra, New York, Tokyo e Sydney. Un "giorno di trading" nelle valute è costituito da varie sessioni di trading diverse: la sessione europea, la sessione americana e la sessione asiatica.

Figura 4: Sessioni Forex

Forex Market Center	Time Zone	Opens Europe/Berlin	Closes Europe/Berlin	Status
Frankfurt Germany	Europe/Berlin	08:00 AM 06-October-2015	04:00 PM 06-October-2015	Open
London Great Britain	Europe/London	09:00 AM 06-October-2015	05:00 PM 06-October-2015	Open
New York United States	America/New_York	02:00 PM 06-October-2015	10:00 PM 06-October-2015	Closed
Sydney Australia	Australia/Sydney	11:00 PM 06-October-2015	07:00 AM 07-October-2015	Closed
Tokyo Japan	Asia/Tokyo	01:00 AM 07-October-2015	09:00 AM 07-October-2015	Closed

È affascinante che nel Forex, il trading faccia tutto il giro del pianeta in 24 ore. Quando i trader a Tokyo hanno terminato la loro sessione, i trader di Londra riprendono il lavoro. I trader americani entrano nel mercato alle ore 08.00 EST (13.00 GMT) e operano fino alle 11.00 EST (16.00 GMT). Non è insolito constatare una sovrapposizione importante di due centri di trading, motivo per cui la volatilità più alta si registra in questi momenti (vedi figura 4). Dopo le 11.00 EST (16.00 GMT), si verifica una notevole diminuzione della volatilità. Allo stesso modo, quando i trader di New York terminano la loro giornata di lavoro, la sessione di Sydney inizia.

Figura 5: Volatilità media di EUR / USD all'ora (UK)

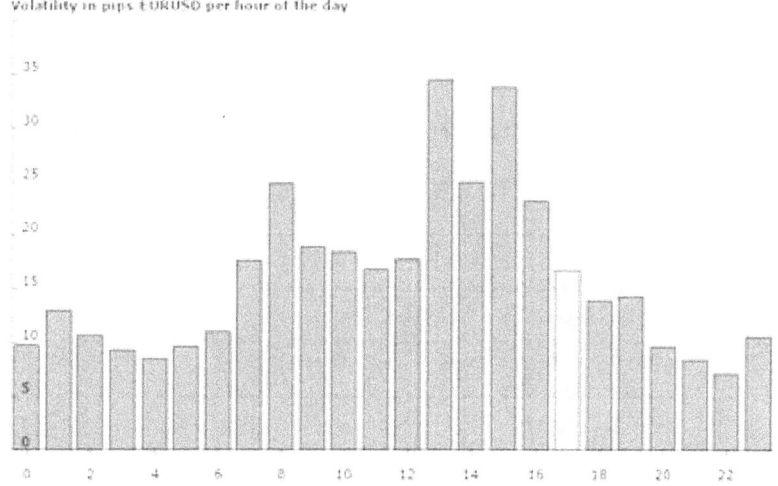

Fonte: www.mataf.net

La Figura 5 illustra l'importanza delle sessioni. La bassa volatilità durante il trading asiatico (i lati estremi destro e sinistro del grafico) è ben visibile. Si può osservare, inoltre, che il dollaro australiano, il dollaro neozelandese e lo yen giapponese sono stati i più scambiati, ed io sostengo che sia meglio scambiarli durante le sessioni europee ed americane. La ragione è semplice. Secondo le ultime statistiche della BRI (Banca dei Regolamenti Internazionali), i due più grandi centri di trading di Forex in tutto il mondo, Londra e New York, rappresentano quasi il 60% del fatturato. Mentre le azioni di New York al 2013 (18,9%) sono rimaste pressoché stabili negli ultimi 10 anni, Londra ha registrato un aumento significativo.

Nelle sessioni di Londra, il 40,9% delle transazioni globali sono effettuate nel trading con le valute. Per fare un confronto: nel 2013 Singapore ha ottenuto il 5,7%, Tokyo il 5,6% e Hong Kong il 4,1%. Questo ha conseguenze di vasta portata per gli scalper nel Forex. È indiscusso che le sessioni di Londra rappresentino le ore più importanti del trading di valute internazionali. Troverete qui la migliore liquidità in tutte le coppie di valute scambiate. Si avranno qui le migliori esecuzioni e i più piccoli spread, cosa di fondamentale importanza. Lo slippage invece è limitato e non è detto che questo succeda anche nelle sessioni asiatiche.

L'esperienza dimostra che la volatilità aumenta un'ora prima dell'apertura di Londra. Questo significa che le strategie di breakout, per esempio, riescono meglio in questo momento. A causa della maggiore volatilità quando la sessione degli Stati Uniti inizia, le strategie di breakout potrebbero ancora ottenere buoni risultati. Attenzione qui! I trend della sessione di trading europea possono sia essere confermati (trend following) sia subire brusche svolte (inversioni). Questo è il risultato dei dati economici attesi dagli Stati Uniti (spesso alle 08.30 EST, o alle 13.30 GMT). La Figura 5 mostra che la volatilità verso la fine della sessione di Londra (11.00 EST, 16.00 GMT) diminuisce, resta quindi ad un livello basso durante il resto della sessione di New York e della sessione asiatica. Ma questo ha anche i suoi vantaggi per i trader le cui strategie si basano su range di mercati, dal momento che preferiscono i momenti più tranquilli. La probabilità che supporti e resistenze non vengano violate in questo arco temporale è più elevata.

B. Trader sugli indici

Nel Premarket (8:00-09:00 EST e GMT), tutte le notizie e informazioni della notte precedente vengono assimilate dagli indici di borsa portando il mercato ad un importante aumento della volatilità. Per gli operatori in Europa si tratta di "Pre-impostazioni" di Tokyo o Cina e del prossimo mercato statunitense. Per i trader americani, i sentiment delle sessioni di trading europee sono importanti. Se il sentiment è "buono", gli indici inizieranno in un territorio positivo. Se il sentiment è cattivo, ci saranno più segni meno da aspettarsi. Ciò vale in linea di massima per tutti i mercati azionari, i loro indici e i futures. Il Premarket è consigliato solo agli operatori esperti. Durante il processo di assimilazione delle nuove informazioni, viene specificata una direzione del trend e spesso viene mantenuta per il resto della giornata. Pertanto, è redditizio operare in trend seguendo i price pattern.

Spesso, i massimi o i minimi del giorno si verificano nella prima prima ora di trading sui mercati azionari (09.00 a 10.00a.m.), ma non è sempre così. Nei giorni tipici di trend, i nuovi massimi o minimi si verificano dopo la prima ora di trading. Il momento migliore per il trading sugli indici europei come ad esempio il FTSE 100, DAX, CAC40 ed il Eurostoxx50 è nella sessione del mattino. Dalle ore 13.00 (GMT), i trader americani entrano nel mercato portando le proprie idee, che possono invertire le tendenze del mattino europeo. Come trader con sede in Europa, preferisco lavorare di mattina con gli indici europei, e nel pomeriggio con gli indici americani.

Nella mia esperienza, i trader americani sono indipendenti dalle sessioni europee, anche se a molti di loro piace fare trading con il DAX o altri indici europei. I mercati americani sono quelli più indipendenti di tutti, mentre i mercati europei seguono i mercati americani nel pomeriggio europeo. Se gli indici europei sono in rosso, i futures Premarket americani seguono prima questa direzione. Ma all'apertura di New York, tutto cambia.

C. Trader sul petrolio

I futures del petrolio sono scambiati quasi tutto il giorno, ma il modo più efficace per il trading sul greggio è quello di concentrarsi sul Prime Time che si verifica tra le 08.50 -10.30 EST (13.50-15.30 GMT). In questa ora e mezza, si ottengono i migliori risultati di trading. Ciò è dimostrato da valutazioni statistiche dei risultati trading. È fondamentale che l'operatore eviti il primo minuto dell'apertura di New York. Questo è il momento in cui si apre la "fossa". Spesso è possibile aspettarsi movimenti erratici perché le informazioni Premarket e i nuovi ordini devono ancora essere elaborati. Un'eccezione è spesso costituita dal mercoledì quando vengono pubblicate le Scorte Greggio (Oil Market Report), alle ore 10.30 EST (15.30 GMT). È sempre preferibile attenderne la pubblicazione.

4. Perché lo Scalping Veloce è Meglio di alcuni Trade Molto Noti

Siamo giunti al nocciolo di questa quarta parte della serie "Lo Scalping è divertente!". Voglio parlare qui delle ragioni principali per le quali i trader che "fanno tutto bene" falliscono. Pianificare il trading e fare trading sul pianificato. Sembra un cliché. Il trader deve fare attenzione a preparare le sue operazioni dopo un'attenta analisi dei grafici. É proprio come dare un consiglio ad una squadra di calcio : "Nei primi 90 minuti di gioco, bisogna studiare il comportamento della squadra avversaria prima di tirare per il goal." Sembra convincente e questo processo in molte professioni è spesso il migliore, e la massima si applica anche al trading così come alla costruzione di una casa o all'acquisto di una macchina nuova, che dovrebbero essere effettuati secondo criteri razionali e seguendo un piano accuratamente preparato.

La conclusione sbagliata di un trade avviene a causa dell'opinione comune che una strategia di trading dovrebbe essere progettata come la costruzione di una macchina. L'unico problema è che le azioni non si comportano come le singole parti di una macchina. Nelle leggi della meccanica, le parti metalliche per costruire un pezzo si possono piegare e vedere. Invece, una volta che si entra nel campo del trading, non è insolito trovarsi in un mondo che non è più gestibile né controllabile. Immaginate di vivere in una città dove strade, piazze, case e alberi non sono nella stessa posizione del giorno prima e non vi sono quindi più familiari.

Vi alzate ogni mattina e la strada dove vivete è cambiata durante la notte, il passaggio non è più dove avreste sempre girato a destra. Tutte le altre strade, edifici, stazioni di benzina, centri commerciali si trovano ogni mattina in luoghi diversi. Un immaginario surreale? Questo è ciò che accade quando si entra nel mercato azionario. Si tratta di un mondo folle che esiste senza regole e leggi razionali. La vostra esperienza e la conoscenza di ieri potrebbero non essere sufficienti oggi, e l'analisi tecnica è solamente di scarsa utilità.

I grandi esperti di analisi tecnica affermano inoltre che i modelli conosciuti come modelli di continuazione o pattern di inversione la maggior parte delle volte non funzionano oggi. Perché? Quei modelli sono diventati informazione pubblica. Non si dispone di un vantaggio se si pensa di riconoscere un certo modello su un grafico. Spesso, accade l'esatto contrario di ciò che vi aspettate. Lo stesso vale per il resto degli strumenti disponibili in analisi tecnica, come gli indicatori, gli oscillatori o qualsiasi altra cosa sia stata inventata. Il funzionamento di questi strumenti si basa, senza eccezioni, sui dati del passato. Non ci dice nulla sugli eventi correnti nel mercato e ancora nulla sul futuro.

Tutte le analisi e le "conferme" degli indicatori sono lì solo per il bisogno di sicurezza della psiche umana. E' un peccato che non aiutino. L'incertezza rimane perché l'insicurezza è l'essenza del mercato azionario. Tutta questa strumentazione è lì solo per determinare gli ingressi. Si tratta sempre di questa cosa: gli ingressi. Questa è anche la domanda più comune che sento: "Caro Trader Heiken Ashi, mi dici dove posso entrare" La verità è che io non lo so. Inoltre, non posso prevedere il futuro, che è spesso la vera domanda che viene formulata. Il settore del trading ha cercato di rispondere a questa domanda. Lo fa in modo quasi geniale e ottiene buoni guadagni da esso.

Sapendo che nessuno e nessun sistema o analisi potrebbero essere d'aiuto a decidere se comprare o vendere qualcosa, quale criterio si dovrebbe utilizzare, allora? La mia risposta è cercare di sviluppare un rapporto sperimentale con i mercati finanziari. Ed essere pronti a rivedere le proprie decisioni in qualsiasi momento (per chiudere la posizione, o anche fare il contrario di quello che avete solo pensato (posizione inversa)).

Per molte persone, questa "flessibilità" provoca ansia e all'estremo impedisce loro di fare trading sul mercato. Provate a eseguire il vostro trading come se steste scendendo da un aereo per fare un tour in giro per una città straniera. Un turista è spesso curioso e vuole sapere quali sono le bellezze e le sorprese che la città offre. Non so se il prossimo trade mi porterà un profitto o una perdita. Posso solo provare. Questa è la differenza tra l'arte dell'ingegneria e il trading. Quando si fa trading si rimane sempre dilettanti, non importa quante decadi di esperienza si accumulano, mi dispiace.

L'esperienza nel trading si riferisce piuttosto alla gestione degli stop. Un buon trader deve mettere a punto un meccanismo di protezione interiore che lo protegga contro le perdite eccessive. Attraverso la ripetizione costante e la pratica della gestione degli stop, si imprimono modelli complessi nel suo cervello. In esso si trovano una serie di incastri di neuroni che consentono una forma di abitudine specifica. Queste abitudini fanno la differenza tra un trader esperto e uno inesperto. Non si tratta di conoscenza delle entrate, e non c'è alcuna conoscenza segreta che potrebbe farvi prevedere i risultati.

Queste nuove abitudini devono essere praticate. L'esperienza dimostra che occorre tempo e molte ripetizioni per ottenere la formazione di buoni modelli. È noto che la navetta spaziale della NASA consuma nei primi minuti più carburante rispetto a tutto il resto del volo. Perché? All'inizio, lo Space Shuttle ha bisogno della maggior parte della sua energia per contrastare la forza di gravità. Una volta nello spazio, e priva della forza di attrazione gravitazionale della Terra, la navetta può navigare senza alcuna resistenza.

Questa è la difficoltà di un principiante nel mercato azionario. In primo luogo, ha bisogno di una quantità enorme di energia per formare le buone abitudini. Ha bisogno di investire un sacco di tempo ed energie per allontanarsi dall'avidità di base della natura umana, in modo da poter essere libero e sicuro nel cosmo del mercato azionario. Questa è la ragione per cui penso che la velocità sia più importante della perfezione. Così, i principianti dovrebbero iniziare senza esitazione ed eseguire operazioni regolari. Con questo metodo, impareranno a pensare e reagire velocemente al mercato azionario. Una volta ottenuta una certa abilità da scalper, non ci si ferma più.

Ecco perché anche gli scalper dovrebbero concentrarsi sulle tempistiche quando la volatilità è alta, cioè dopo il rilascio di importanti notizie economiche e durante le ore di punta di trading. La possibilità che uno scalper generi un "flusso" in questi momenti è molto più alta rispetto alle ore di scarsa attività. Il flusso è una sequenza di azioni che si effettuano con disciplina e gioia. Il successo nel trading segue la facilità nell'ottenerlo. Ecco perché è importante che gli scalper agiscano solo nei momenti in cui i movimenti sono chiari ed inequivocabili. Il divertimento arriva da solo, e il successo lo accompagna.

La mia formula per il successo è: Flusso - Divertimento - Successo!

L'inventore del termine "flusso", lo psicologo americano Mihaly Csikszentmihalyi, lo definisce come uno stato di coscienza in cui la persona è completamente immersa in un'attività, il senso di controllo dell'attività stessa, la consapevolezza del bisogno e delle abilità oltre alla paura e alla noia. Egli sottolinea che è importante che il lavoro sia fatto in modo giocoso. L'uomo nel flusso fa il suo lavoro creativo e artistico. É anche fondamentale che egli trascuri l'aspettativa di successo e che sia libero da paura e preoccupazione. Questo è ciò che accade quando uno scalper opera sul mercato in modo mirato. Egli non si aspetta niente, è libero dalla paura e agisce indipendentemente da profitti e perdite. É veloce, concentrato, e senza preconcetti in merito a quale direzione prenderà il mercato nei prossimi secondi o minuti.

Il flusso è, quindi, più uno stato mentale che una tecnica. Per sperimentare il flusso, occorre eliminare tutte le distrazioni. Queste distrazioni includono l'analisi estensiva e le meditazioni sul mercato. Un trader nel flusso vede il suo trade come l'unica cosa che esiste e si dimentica di tutto ciò che si trova intorno a lui e che tutto "scompare" intorno a lui. Nel flusso, scompare o viene portato via. Il flusso non è limitato al trading. Può verificarsi in linea di principio anche in altre attività. Molti sportivi lo sanno bene. Gli sciatori, i velisti, i calciatori e i giocatori di tennis l'hanno probabilmente sperimentato.

Più vicini al trading sono i giocatori di successo dei giochi per computer (ora professionisti). Queste persone riferiscono di esperienze di flusso nel momento in cui forniscono veloci compiti consecutivi al giocatore che può sfidarlo e la probabilità di successo è alta. Tutte le attività artistiche non possono essere concepite senza flusso. I musicisti lo sanno, così come i pittori e gli scultori. L'espressione più chiara del flusso può essere osservata in una coppia che danza sul parquet apparentemente senza sforzo seguendo la musica. Per lo scalper, questo non significa perdere il rispetto per il mercato. Gli scalper appartengono alla categoria dei trader, ed hanno il massimo rispetto per il mercato perché sanno che tutto può accadervi. Essere nel flusso significa che gli scalper sanno rispondere in maniera adeguata.

5. La Disciplina è più Facile nel Flusso

Il trading contraddice la nostra natura umana di base. Se non controllato, potrebbe accadere il contrario di ciò che ci è stato insegnato crescendo. Si inizia con "Io voglio essere e fare il bene" fino alla "modalità di speranza" e a "la mia posizione è andata in rosso, il mercato alla fine potrebbe cambiare…"… Quanto più un trader si deprime su una posizione di perdita, prima il pensiero cupo e negativo prende il sopravvento. Le conseguenze sono disastrose per il conto. Non appena la "testa" prende il comando nel trading, un pensiero ribelle si forma, e in nessun caso si andrà a chiudere le posizioni in perdita. Si possono trovare varie spiegazioni. Qui ci sono alcuni esempi classici:

"Il mercato potrebbe tornare indietro."

"Ho bisogno di passare al supporto 2 e risalire."

"È impossibile che il mercato possa salire così tanto, l'ATR per due volte è già entrato in ipercomprato."

"I prezzi esagerati sono sempre corretti."

"Il mercato ha solo reagito in modo eccessivo. È solo una questione di tempo fino a quando non ritorna."

"Il mercato si gira sempre verso il basso e si è girato su questo livello. Non può durare molto più a lungo perché l'RSI si trova nella zona di ipercomprato."

"Secondo i miei calcoli, il mercato ha esaurito l'Estensione di Fibonacci".

Gli argomenti del trader non escludono perché qualcosa dovrebbe differire da quello che è effettivamente. Questo stato di negazione è tipico di trader che "eseguono solo trade ben ponderati" o "fanno trading solo sulla base di configurazioni molto chiare". Questo non esiste, essi sono attratti da un'immaginazione iperattiva ma non lo ammetterebbero mai. Che "il mercato" sia una caotica ed imprevedibile entità che può fare un 180 in qualsiasi momento, si dimentica facilmente. Questo operatore cerca di tenere questo mostro sotto controllo e strapparne i segreti.

Egli trascura il fatto che non può raggiungere il mercato con uno strumento non idoneo: il pensiero razionale, sviluppato dalla parte logica e argomentativa del nostro cervello. Per fare trading con una struttura così caotica come il mercato Forex o gli Indici Azionari, questa parte logica della mente umana dovrebbe restare chiusa. La mente razionale è sempre alla ricerca di "principi", "schemi ricorrenti" che siano "negoziabili" e "abbiano un'alta probabilità statistica di successo." Questo tipo di analisi tecnica ha avuto un grande successo presso gli investitori al dettaglio negli ultimi 20 anni, seguendo questo bisogno umano. Prima di allora, era l'analisi fondamentale istintiva che stimolava le decisioni di acquisto o di vendita. Ora, il trader si riferisce alla tecnica dei grafici come uno strumento con cui può "leggere" e "interpretare" i mercati.

Non sminuisco i meriti dell'analisi tecnica. Ho fatto trading sulla base dell'analisi tecnica per anni io stesso, ma non ho ottenuto risultati da essa. Il trading che comincia a cavalcare le onde felice e spensierato, senza un secondo sguardo ai grafici, ha almeno la possibilità di reagire agli sviluppi del mercato. Questo è ciò che il trading rappresenta in definitiva: la mia risposta a ciò che il mercato ha da dire in ogni momento. Nei giorni buoni, un trader potrebbe entrare nel "flusso", dove potrebbe essere convinto, almeno temporaneamente, di "andare con il mercato."

Questo metodo che ho praticato per anni non è infallibile. Anche in questo caso, ci saranno giorni di perdita o fasi di mercato in cui non funziona bene. Lo scalping può portare un sacco di gioia e un sacco di guadagni, consentendo anche più pratica e aumentando l'esperienza dei trader. Come detto in precedenza, il più delle volte, se non ci si diverte, si dovrebbe smettere di fare scalping. Si dovrebbero aspettare le fasi di mercato elevate (il più delle volte dopo il rilascio di importanti dati di mercato) e quindi provare a fare scalping sfrontatamente. È nei movimenti rapidi che si generano le onde capaci di produrre chiari segnali d'acquisto dai quali ottengo la maggior parte dei guadagni. Il mio record personale è di 28 vittorie consecutive. Se poi si presentano le prime perdite, è spesso un segno che sono stanco oppure che il mercato lo è. I segnali possono essere rappresentati da un temporaneo rallentamento del momentum. Forse le dinamiche sono diminuite e gli attuali movimenti di mercato non sono così facili da gestire. Questo è il momento migliore nella maggior parte dei casi per prendere una pausa o addirittura fermarsi per tutto per il giorno.

Ma il fatto è che i problemi di disciplina di cui sopra si verificano molto meno con lo scalping veloce e dinamico che con i trade "ben scelti". Un trader nel pieno del flusso sa subito cosa fare quando il mercato gira contro di lui all'improvviso. Chiude la sua posizione senza farsi domande se si trova in profitto o in perdita. È risoluto e agisce senza esitazioni. Lo scalping veloce promuove la rapida chiusura delle posizioni in perdita e le veloci prese di profitto, anche di quelli più importanti. La mia esperienza è che due problemi fondamentali di trading - paura e avidità - possono essere controllati meglio qui. Con questo metodo, il trader non perde tempo a riflettere. Ecco il motivo per cui vi consiglio di fare trading con ordini ad un solo clic utilizzando questo metodo. Se il trader deve aprire una cartella e immettere un numero mentre il mercato va contro la sua posizione ogni secondo, perderà punti importanti o pips. Se il trader invece opera con ordini ad un solo clic, dovrà semplicemente fare un clic per uscire dal mercato, e dovrà farlo quando si trova dal lato sbagliato del trade.

6. Strumenti di Avviso e Controllo

Ora che sapete come fare scalping e quando, l'unico compito rimasto è quello di farlo veramente. Facile a dirsi, proprio come si dice – ciò che è facile da fare, è facile da non fare. Il pieno potenziale del trading e dello scalping non sta nella complessità del compito, la magia sta invece nella ripetizione quotidiana di quest'azione. Come ho cercato di dimostrare nella terza serie di questo libro, Come valutare i risultati del trading? in base ai risultati di trading precedenti, la manifestazione del pieno potenziale di scalping è graduale. È grazie alla routine giornaliera che il trader diventa un maestro del suo lavoro. Questo significa anche che deve discernere alcuni segni premonitori che il mercato offre, che lo aiutano a capire quando deve smettere.

Lo Scalping nel Forex può essere effettuato tutto il giorno, ma spero che questo libro vi abbia indicato le ore in cui è più probabile avere successo. Se un trader fa scalping nei mercati lenti e noiosi piuttosto che in quelli dinamici e veloci si rallenterà, così come pure i suoi trade. Non vi è alcuna obiezione al riguardo all'inizio. I trader hanno bisogno di sapere che non appena si aspettano i risultati inizia una diversa attività cerebrale. I trader sono distratti e non abbastanza concentrati per monitorare i loro trading come dovrebbero. Quindi, un rallentamento è un chiaro segno che lo scalping deve essere interrotto.

Esiste ovviamente anche l'altro estremo. Succede raramente, grazie a Dio, ma negli ultimi

15 anni è capitato un periodo di volatilità dalle dimensioni folli a causa del quale non era più ragionevole pensare di fare trading o scalping. Durante i giorni della crisi dell'Euro del 2011, ho visto la caduta di 50 pips di EUR / USD 50 a volte in un secondo! I trader hanno faticato a mantenere le loro pratiche di gestione del rischio coerenti in quei mercati. Sarebbe meglio smettere di fare scalping ogni volta che si osservano movimenti folli e se mai non si riesce a fermare l'attività, si dovrebbe continuare con solo una frazione della dimensione normale della posizione.

Il migliore e più importante strumento di controllo per l'attività di trading è l'account. Niente dà una valutazione migliore del saldo del conto: è dolorosamente vero. Il vostro account dice se il vostro lavoro ha avuto successo o meno. Ecco perché io dico: un trader non fa trading sul mercato, lo fa sul suo conto. Si potrebbe trovare quest'affermazione assurda se si pensa che il trading ha qualcosa a che fare con i grafici e le strategie. Non vi è più importante strumento di monitoraggio in quest'attività della curva di guadagno di un trader. Essa mostra lo stato di avanzamento del saldo del conto di ora in ora e di giorno in giorno, studiando la sua storia, la dimensione dei prelievi e quanto tempo occorre al trader per recuperare da questi prelievi; una valutazione migliore non esiste.

Questo vale anche per la visione intra-day. Se, dopo 20 trade in cui un operatore ha ottenuto un bel profitto si cominciano a verificare perdite crescenti, è il momento di prendersi una pausa, se non smettere del tutto. Bisognerebbe respirare un po' di aria fresca, schiarirsi le idee e chiedersi se l'attuale mercato valga tempo speso. Se poi si accorge che i movimenti di prezzo incontrano nuovamente i suoi criteri di scalping, potrà continuare. Quando il mercato è lento, in fase laterale, o ha delle indecisioni, è difficile fare trading ed è meglio fermarsi. La parte migliore della giornata può essere dietro di voi, e ricordate sempre che vi aspetta un domani.

Ciò che è scritto qui facilmente è molto più difficile da mettere in pratica. Alcuni trader sono ossessionati dai mercati e non riescono a fermarsi, nonostante gli evidenti segnali di pericolo. Essi continuano a fare trading e ignorare tutti gli avvisi. Il risultato? Potete immaginarlo. Accade spesso che questi trader perdano tutti i profitti maturati in giornata e oltre. Non bisogna sottovalutarlo, i trader di successo sanno quando è meglio non operare. Forse questa è la più importante regola di trading.

La maggior parte dei principianti invece non lo sa. Essi stanno ancora imparando a distinguere tra il bene (per la loro strategia) e i mercati cattivi. L'apprendimento è indispensabile se vogliono avere successo. Se non riescono a fermarsi, dovrebbero quanto meno ridurre la dimensione della loro posizione. Se non sta andando bene, il danno collegato al conto si riduce.

La mia serie di perdite più lunga nello scalping è stata di 15 trade in perdita. Avete letto bene: quindici perdite in successione. Si potrebbe pensare che non sia statisticamente possibile. Tuttavia, è possibile, a me è successo.

È altrettanto possibile come la sopra citata lunga serie di 28 trade vincenti in successione, con il mio metodo di scalping. Lo ammetto, il mercato è andato bene quel giorno. Le onde sul grafico Heikin Ashi a 1-minuto erano chiare e facili da interpretare così da rendere ogni trade un successo. Dopo il 29esimo trade (che era una perdita) mi sono fermato. Ho anche spento il PC, perché temevo istintivamente di "rovinarmi".

Non sono sempre stato fortunato come non sempre sono stato saggio. Ho violato la mia regola troppo spesso, cioè quella di smettere non appena comincio a perdere. Ma siamo esseri umani. Commettiamo errori e ne faremo sempre. Un trader non dovrebbe essere troppo severo con se stesso quando viola le proprie regole. Lo farà ancora e ancora. Nulla è scolpito nella pietra nel trading. I segnali premonitori di un trader sono vitali se vuole vivere di questo. Se si impara a rispettare i segnali di pericolo che il mercato e il proprio conto forniscono, si riuscirà a diventare trader migliori con una certa stabilità nel tempo oltre che con ottimi riflessi sul saldo del proprio conto.

7. Siate Aggressivi Quando Vincete e State sulla Difensiva Quando Perdete

Abbiamo elencato gli importanti fattori di successo, compreso quando fare scalping e quando non farlo. Abbiamo scoperto che la disciplina è più facile da raggiungere sui mercati rapidi rispetto ai noiosi mercati laterali. Infine, abbiamo conosciuto i segnali di controllo e gli strumenti di allerta, come i prelievi e le perdite improvvise. Ciò che rimane da affrontare è il fattore chiave di successo più importante: la gestione attiva della dimensione della posizione.

I trader possiedono tre libertà: decidono cosa comprare (questo è il campo dell'analisi fondamentale), decidono quando comprare (questo è il campo dell'analisi tecnica) e decidono quanto acquistare (questo è il campo del money management). Credo che la quantità non dovrebbe dipendere da qualsiasi posizione scelta a caso nel dimensionamento dell'algoritmo quando si fa scalping. Regole fisse come "mai rischiare più di 1% del vostro capitale per ogni transazione" sono utili nella fase iniziale. È il primo controllo di gestione del rischio. Questa regola può essere un ostacolo nel lungo periodo, se si desidera eseguire una gestione dinamica della posizione.

Questo ci rimanda a ciò che abbiamo detto finora. Una volta che uno scalper ha imparato i tempi sa quando fermarsi e questo gli permette di regolare la dimensione della sua posizione agli eventi di mercato. Uno scalper opera con posizioni più grandi quando le cose vanno bene e riduce le posizioni quando non vanno bene. Considerate questa situazione. Un trader registra una serie vincente. Al posto dei consueti due lotti, ha fatti scalping con 5 lotti nel mercato forex. Inaspettatamente, egli colleziona due perdite. Dovrebbe continuare a fare scalping con 5 lotti? Mi piacciono le regole complesse e i processi decisionali stabiliti semplici e chiari. Quando uno trader fa scalping non ha il tempo di pensare a lungo alla sua gestione del denaro. Usiamo la semplicità! Se sta perdendo su due trade in successione, dovrebbe almeno dimezzare le dimensioni della sua posizione. Quindi, se ha fatto scalping con 5 lotti, questo significa che ora dovrebbe operare con 2 lotti fino a che non registrerà di nuovo un successo.

Due trade in perdita in successione possono essere visti come un avvertimento. Uno scalper sa che due trade in perdita non sono insoliti. Eppure, è un segno che il suo attuale sistema non è in linea con la situazione del mercato. Quindi, dovrebbe essere più difensivo in questo frangente. Se realizza 7 trade vincenti in successione, questo è un segno che il suo metodo è adatto al mercato attuale. Qui potrà essere più aggressivo e fare scalping con una posizioni maggiore. Un buon scalper sa quando è il momento di premere l'acceleratore sulla dimensione della posizione e quando non farlo. Ci sono giorni in cui si possono ottenere $ 10.000 o più in borsa. E ci sono giorni in cui si può essere soddisfatti con un guadagno di 250 Euro.

Lo scopo di questo libro è quello di rendervi consapevoli dei migliori giorni di trading. Questo è uno dei veri segreti del trading. I bravi trader sanno quando è arrivato il momento giusto. Sanno anche quando non vale la pena di darsi da fare. Quelli più esperti hanno imparato che la cosa migliore è operare solo nei giorni di grazia e per il resto aspettare. É difficile e richiede grande disciplina, ma ne vale la pena. Il trader principiante presto si rende conto che i risultati di trading si verificano in modo asimmetrico. I profitti non sono uniformi nel settore della distribuzione nel corso dei 20 giorni di trading al mese come in un lavoro regolare.

Ho sempre pensato al trading come ad una sorta di lavoro d'ufficio che è gestito con la disciplina su base giornaliera. Ma non funziona in questo modo. Se il trader fa trading e scalping in questo modo, i suoi risultati saranno mediocri (come in quasi tutti i posti di lavoro d'ufficio ...). Tutta l'arte del trading risiede nella capacità di applicare le conoscenze nei giorni di festa di borsa (o ore). Se un operatore riesce a rischiare i suoi soldi solo quando ne vale la pena e poi si disconnette, senza perdere altro tempo, avrà probabilmente una chance di rientrare fra il 5% di vincitori del mercato azionario.

La dimensione della posizione a volte dipende dallo stato mentale di un trader. Se fosse di cattivo umore, in uno stato mentale un po' alterato, allora non dovrebbe cercare di compensare il suo cattivo umore con un approccio aggressivo sul mercato azionario. So che è una tentazione, ma non è un segno di professionalità.

Se l'operatore cerca di compensare il suo stato mentale corrente essendo aggressivo, il suo lavoro non funzionerà. Un buon scalper è quindi un buon sismografo di se stesso. Egli sa in termini esatti, quando essere attivo e quando lavorare con le posizioni più grandi sul mercato. E sa anche per intuizione quando non è il momento. Se la sua valutazione è sbagliata, allora il saldo del suo conto provvederà a chiarirgli le idee. Ogni trader ha anche dei limiti naturali. Alcuni trader si spaventano e hanno timore di operare su più di 1 lotto standard. Come superare questo limite dipende dalla capacità di abbandonare la zona di comfort.

Ho conosciuto un trader fantastico che non avrebbe mai potuto occuparsi di più di 2 contratti E-mini e mini-Dow futures anche se aveva decenni di esperienza e tornava a casa quasi tutti i giorni con ottimi profitti. Gli ho detto che poteva fare trading con molti più contratti e quindi guadagnare di più, ma lui non era di quell'idea. Due contratti erano il suo limite. Questo operatore conosceva bene la propria zona di comfort e la rispettava. Purtroppo però, esiste anche l'opposto. Ci sono trader che si mantengono al di sopra della leva finanziaria del mercato. Alcuni che ho incontrato, hanno rischiato più del 10% del loro capitale di trading per ogni transazione. Sapevo che era solo questione di tempo prima che si rendessero conto dei loro 10 successivi trade in perdita. E poi, game over!

Il Trading e lo scalping possono essere redditizi per gli individui disciplinati che superano i loro limiti naturali dovuti alla paura con l'aumentare dell'esperienza. Spero, con questo libro, di aver dato un buon impulso a questo successo.

Cari lettori, vi auguro buona fortuna con le vostre attività di trading!

Heikin Ashi Trader

pdevaere@yahoo.de

Altri libri di Heikin Ashi Trader

1. Come Diventare un Trader con soli € 500 a Disposizione?

Sommario

1. Come Diventare un Trader con soli €500 a Disposizione?

2. Come Acquisire Buone Abitudini di Trading?

3. Come Diventare un Trader Disciplinato

4. La Fiaba dell'Interesse Composto

5. Come fare Trading su un Conto da €500?

6. Social Trading

7. Parlate con il Vostro Broker

8. Come Diventare un Trader professionista?

9. Trading per un Hedge Fund

10. Imparate a fare Rete

11. Diventare un Trader Professionista in Sette Passi

12. €500 sono un Sacco di Soldi

Glossario

Altri libri di Heikin Ashi Trader

Sull'autore

Lo Scalping è divertente!

Parte 2: Esempi pratici

Lo scalping è il modo più veloce per fare soldi nel mercato azionario. È difficile trovare un altro metodo che sia in grado di aumentare in modo più efficace il capitale di un trader. Vi spiegherò perché in questa serie di quattro parti sullo scalping.

In questo secondo libro, voglio approfondire la mia tecnica con molti esempi pratici. Imparerete come interpretare i grafici Heikin-Ashi correttamente, quando entrare in un mercato e quando uscirne. Inoltre, imparerete a combinare il setup con importanti principi di analisi tecnica.

Questa strategia di scalping altamente efficace può essere applicata in un breve lasso di tempo; per esempio, su un grafico ad 1 minuto in aggiunta ad altri time frame superiori. Potete fare trading utilizzando questo metodo universale con indici azionari e nei mercati valutari. Gli strumenti tipici, tuttavia, sono i futures e le valute.

Indice

1. Scalping con Analisi Tecnica

2. Come si Interpretano i Grafici Heikin Ashi?

3. Quando Entrare?

4. Quando Uscire?

5. Lavorare con Obiettivi di Prezzo

6. Lo Scalping Heikin Ashi in Pratica

7. L'Analisi Tecnica Aiuta Durante lo Scalping Heikin Ashi?

A. Supporti e Resistenze

B. Swing High e Swing Low dei Giorni Scorsi

C. L'Importanza della cifra tonda nel Forex

8. Come Riconoscere i Giorni di Trend?

9. Come fare Scalping nei Giorni di Trend?

10. Conclusione

Sull'Autore

Heikin Ashi Trader è lo pseudonimo di un trader che ha più di 15 anni di esperienza nel trading giornaliero su futures e forex. Si è specializzato in scalping e trading giornaliero veloce. In aggiunta a questo, ha pubblicato vari libri auto-esplicativi sulle sue attività di trading. Argomenti popolari sono: scalping, swing trading, money e risk management.

Stampa

Testi: © Copyright di Heikin Ashi Trader

Swiss Post Box 106287

Zürcher Strasse 161

CH-8010 Zürich

Switzerland

Tutti i diritti riservati

www.ingramcontent.com/pod-product-compliance
Lightning Source LLC
Chambersburg PA
CBHW061216180526
45170CB00003B/1021